Saudades do Brazil

and Other Works for Piano

DARIUS MILHAUD

DOVER PUBLICATIONS, INC.
Mineola, New York

CONTENTS

Bibliographical Note

This Dover edition, first published in 2004, is a new compilation of works originally published separately, as follows:

Suite, pour le piano, A. Durand, Paris, 1914. (plate: D. & F. 9170)
Sonate, pour piano, A.Z. Mathot, Paris, 1920 (Z. 827 M.)
Printemps, pour piano: Premier cahier, Editions de la Sirène, Paris, 1920. (E.D. 16 L.S.)
Printemps, pour piano: Deuxième cahier, Editions de la Sirène, Paris, 1921. (E.D. 55 L.S.)
Mazurka first appeared in *Album des 6: pour piano,* E. Demets, Paris, 1920. (E. 1961 D.)
Tango des Fratellini, pour piano, Editions de la Sirène, Paris, 1920. (E.D. 47 L.S.)
Saudades do Brazil, suite de danses pour piano, E. Demets, Paris, 1922. (E. 2039 D. – E. 2050 D.)
Caramel Mou: Shimmy, Editions de la Sirène, Paris, 1921. (E.D. 76 L.S.)

In order to allow inclusion of the *Suite,* which was originally published in an oblong format, the score has been compressed horizontally.

International Standard Book Number: 0-486-43822-8

Manufactured in the United States of America
Dover Publications, Inc., 31 East 2nd Street, Mineola, N.Y. 11501

SUITE
pour le Piano

DARIUS MILHAUD
1913

pour M. Jean WIENER

pour M. Henri CLIQUET

Vif et clair

Suite, op. 8

pour M. Roger de FONTENAY

Lourd et rythmé

pour Mlle Céline LAGOUARDE

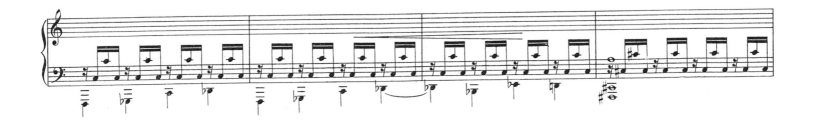

pour Mlle Georgette GULLER

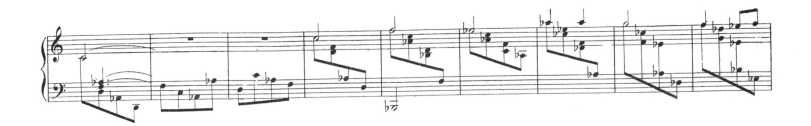

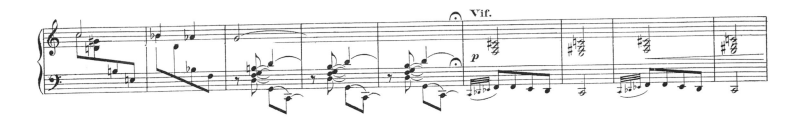

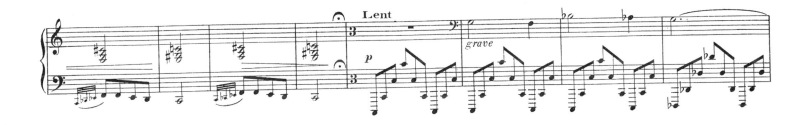

à HENRI CLIQUET

SONATE

Darius Milhaud
(1916)

I

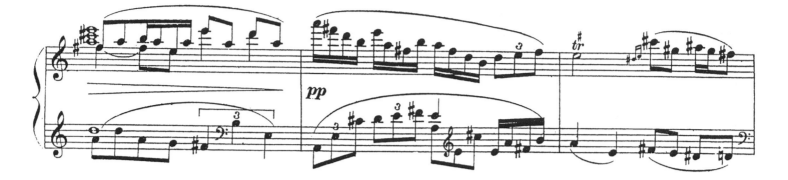

Sonata no. 1, op. 33

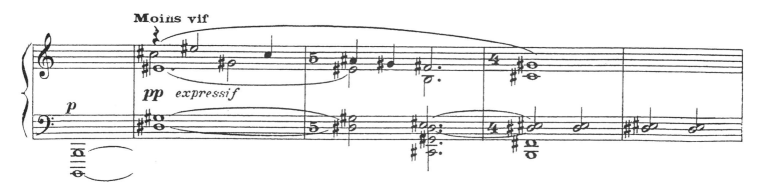

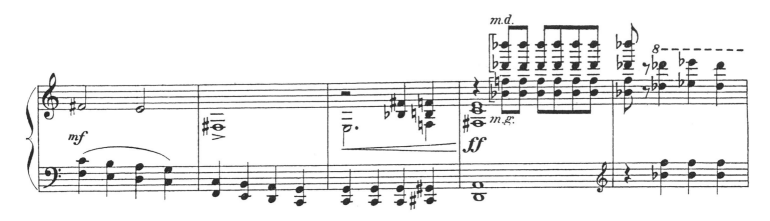

cédez

très ralenti   Mouv^t du début

Gardez les 2 Pédales

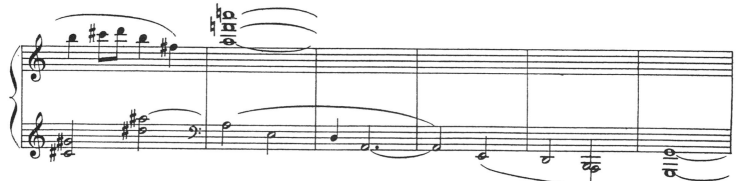

28 *Sonata no. 1, op. 33*

II

PASTORAL

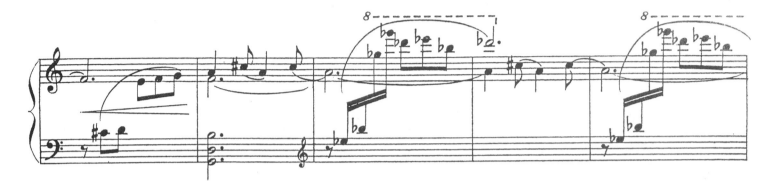

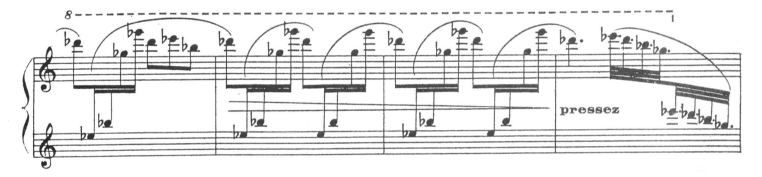

Sonata no. 1, op. 33

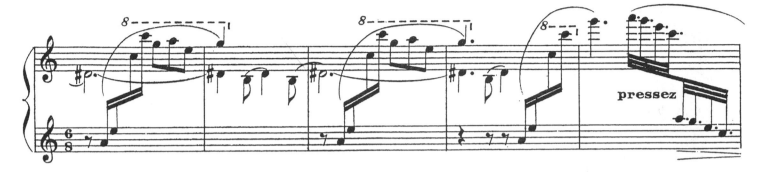

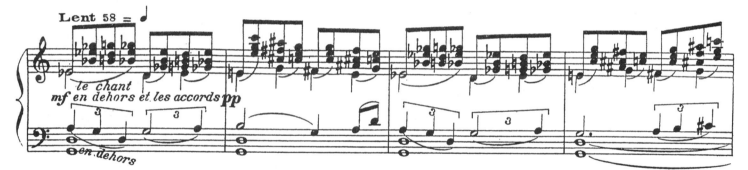

III

Sonata no. 1, op. 33

un peu en dehors

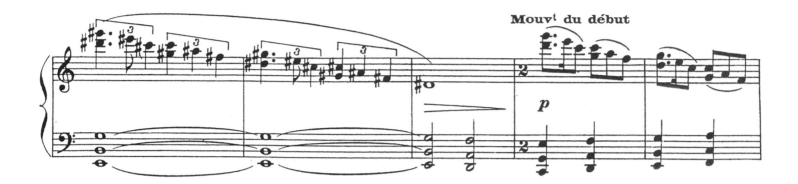

LE PRINTEMPS

I

Pour Madame Jeanne Herscher-Clément

POUR PIANO

Darius MILHAUD

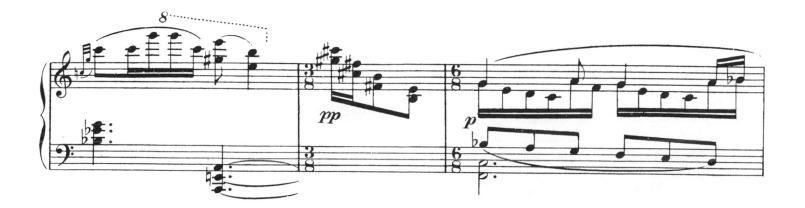

II

Pour Madame Nininha Velloso-Guerra

III

Pour Madame Nininha Velloso-Guerra

Doucement

Printemps I, op. 25

La Pointe-à-Pitre (Guadeloupe) 1er Janvier 1919

LE PRINTEMPS

IIe CAHIER

POUR PIANO

Darius MILHAUD

IV. *pour Youra GULLER*

Doucement

Un peu plus allant

Vivement

Cédez   Mouv.^t et animez

Mouv.^t du début

Moins vif

Cédez   mais à peine   m.g.

Mazurka

pour Piano.

Darius MILHAUD.
(1914)

Tango des Fratellini

Extrait du BŒUF SUR LE TOIT

Darius MILHAUD

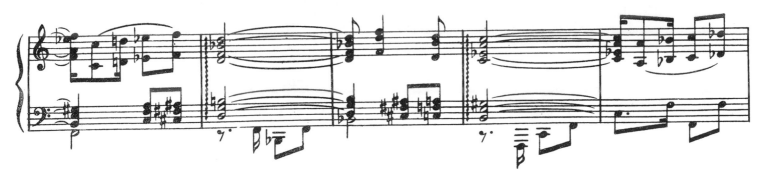

Tango des Fratellini

Saudades do Brazil

1ᵉʳ RECUEIL

SUITE DE DANSES
Pour Piano

Darius Milhaud

I — SOROCABA

Animez encore

Animez

Cédez

Ral.

Mouv! du début

Ral.

pour Madame Régis de OLIVEIRA.

Saudades do Brazil, op. 67   65

II — BOTAFOGO

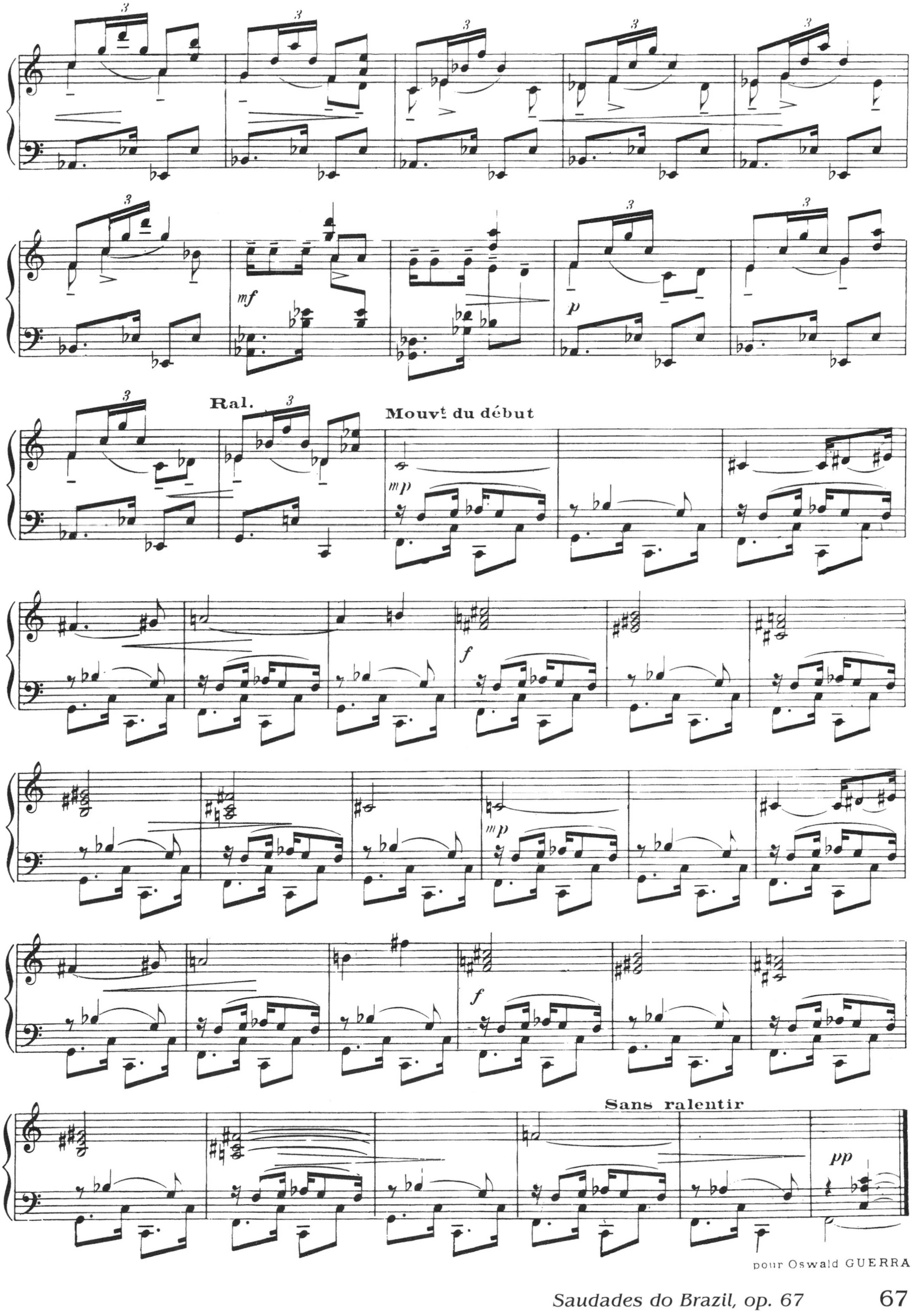

pour Oswald GUERRA.

III — LEME

Saudades do Brazil, op. 67

Très retenu   **Mouv! du début**

                                               Cédez __ Mouv!

Saudades do Brazil, op. 67   69

IV _ COPACABANA

Saudades do Brazil, op. 67

pour Godofredo Leao VELLOSO

Saudades do Brazil, op. 67   71

V＿IPANEMA

Saudades do Brazil, op. 67

pour Arthur RUBINSTEIN

Saudades do Brazil, op. 67

VI _ GAVEA

Ne garder la Pédale que sur la 1re moitié de la mesure.

Saudades do Brazil, op. 67

pour Madame Henrique OSWALD

Saudades do Brazil, op. 67   75

Saudades do Brazil

SUITE DE DANSES
Pour Piano

VII — CORCOVADO

Darius Milhaud

Mouv!

Cédez   Mouv!

Cédez   Mouv!

pour Madame Henri HOPPENOT

VIII _ TIJUCA

Saudades do Brazil, op. 67

pour Ricardo VIÑES.

IX _ SUMARE

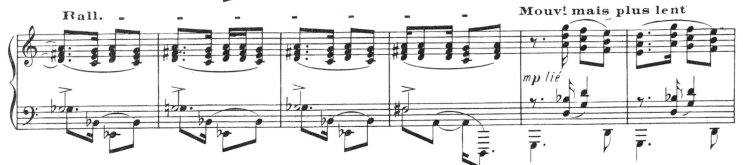

pour Henri HOPPENOT

Saudades do Brazil, op. 67   81

X _ PAINERAS

pour la Baronne FRACHON.

XI _ LARANJEIRAS

Alerte 138 = ♩

Piano

Saudades do Brazil, op. 67

sans ralentir jusqu'à la fin

pour Audrey PARR

XII — PAYSANDU

Cédez   Mouv.t

pour Paul CLAUDEL

à Georges AURIC

Caramel Mou

Darius MILHAUD

Mouv! de Shimmy 92 = ♩ (env.)

PIANO

Caramel Mou, op. 68

sans ralentir jusqu'à la fin

Aix-en-Provence
Pàques 1921